간신히, 시간이 흘렀다

조춘희 시조집

목언예원

이 도서의 국립중앙도서관 출판예정도서목록(CIP)은 서지정보유통지원시스템 홈페이지(http://seoji.nl.go.kr)와 국가자료공동목록시스템(http://www.nl.go.kr/kolisnet)에서 이용하실 수 있습니다.(CIP제어번호: CIP2017023806)

간신히, 시간이 흘렀다

지은이 · 조춘희
펴낸이 · 민병도
펴낸곳 · 목언예원

초판 인쇄 : 2017년 9월 25일
초판 발행 : 2017년 9월 30일

목언예원
출판등록 : 2003년 2월 28일 제8호
경북 청도군 금천면 선바위길 53 (신지2리 390-2)
전화 : 054-371-3544 (팩스겸용)
E-mail : mbdo@daum.net

ISBN 978-89-94733-60-9 03810

이 책은 2017년 부산광역시, 부산문화재단 지역문화예술특성화지원사업으로 지원을 받았습니다.

부산광역시 BUSAN METROPOLITAN CITY 부산문화재단 BUSAN CULTURAL FOUNDATION

가격 : 8,000원

간신히, 시간을 흘렸다

조춘희 시조집

목언예원

■ 시인의 말

말의 적막, 그 쓸쓸함을 어떻게 건널까
아직 살아있는 우리는!

2017년 게으른 시간을 묶으며,
이제 갓 언어를 배우는 마음으로
첫 번째 시집을 엮다.

조춘희

CONTENTS

간신히, 시간이 흘렀다

— 조춘희 시조집

섬의 시간

01

바다횟집
–사량도

물살을 곱게 썰어 상추에 한 점 싸서는
청청한 갯바람 푸른 방언에 올려둔다
좀처럼
찾는 이 없어
바닷목이 한 치나 길다

퍼렇게 일렁이는 허리 굽은 노파는
노을을 바닷길에 빠뜨리는 중이다
등 푸른
수평선의 두 볼
대책 없이 홍조다

해저 가까이 자맥질에 지친 그물
제 몸 가득 열어놓고 하늘을 낚으려 드는
이곳은
찾는 이 없는
바다 안, 또 바다다

아버지와 바다

아버지,
수면을 두드리지 마세요
수평의 긴장을
간신히 지탱하는
해저의
섬과 섬 사이
안간힘을 보세요

아버지,
낚싯줄을 던지지 마세요
거멀못 박아둔 자리
새물이 차올라
파도는
푸른 비린내
바다를 토막내어요

아가야,
염려 말고 바다를 보아라
달을 안고 뒤척이는
바다의 설렘을
지금 막
사랑을 품고
마음 붉어지는 찰나란다

빈 집

바람도 허공에 머물다 떠나는

퇴락한 시간의 비스듬한 그림자

세월도 비켜선 자리 삿대질인 바지랑대

버려진 지게에 서글픈 어깨 한 짝

속없이 바장이는 무료한 햇살무더기

지붕은 고봉밥 같은 구름 뒤에 숨었다

마중물 벌창해 적시던 마당가

소란 떨던 밀화부리도 이제는 찾지 않는

혼불만 어슬렁거리는 벼랑이다, 어쩌다!

사량섬 1
–할머니

하루도 쉬지 않고 바다에 집을 짓는
그러다 마음 토라져
허물고 문 잠그는
간신히
쪽문 하나를
세상에 이어놓은 섬,

할머닌 바다의 쪽문에다 창을 달고
어린 것에게
바람 불고 해 뜨는 이치를
노을길
붉은 침묵으로
세세히 일러주셨다

오늘도 해는 뜨고
바람 아래 볕은 조는데
늦가을 석양 따라 마실 간 할머니는
꿈에나
살짝 다녀갑니다,
인기척도 없이요

사량섬 2
–안부를 묻다

육지의 먼 소식 간신히 전해 듣는
바다에 번지를 둔 섬마을 어귀에는
시방도
저마다 사연 있는
이별이 한창이다

참, 한때는 그랬었다
골목마다 까만 아이들
한 번도 섬 너머는 가본 적 없는 무지
바다가 세상 전부라 여겼던 시절들!

버려진 어망 사이 졸고 있는 시든 햇살
노인 몇 해풍에 졸다 노을이 내리면
사량섬
적막한 어둠 아래
별로 뜨는 안부들

섬 가시나

바람이 무서워서 사립을 동여매던
우리 마을 그 가시나 낮에도 두문불출
물이랑 굽이굽이 마다
물귀신이 산다며.

볼 때마다 제멋대로 헝클어진 머리카락
그래도 남정네들 밤마다 찾아들던…
어느 밤 바람을 안고
바다에 뛰어들었지.

아비의 바람

밭이랑 너울보다 물 젖은 주름이 많던
아비는 쟁기질이 서툴던 오라비를
말없이 바라보시며
흐뭇해 하시었다

흙 떠나 산다면야 사람이 아니지마는
찢어진 가난을 대물림하기는 싫으시다며
아비는 지게질이 서툰
오라비를 귀히 하시었다

똥장군 무게보다 고단함이 더 무거워
언덕 너머 큰밭이 저승보다 멀다시던
아비는 오라비 생각에
그래도 웃으시었다.

아궁이

암탉도 깨지 않은 어둑한 신새벽
여태껏 웅숭그린 적막을 털어내며
어머닌 나이 든 부엌문을 조심히도 여셨다

흐릿한 백열등 아래 찬 공기 쿨럭이고
잠 덜 깬 늙은 쥐들 게정대며 줄행랑치면
굴뚝이 저 먼저 깨어 연기를 토한다

어린 딸 부지깽이 들고 졸음 쫓을 즈음
아궁이에 박아 둔 고구마 절로 익고
거품 문 가마솥에서는 살내가 피어난다

눌어붙은 누룽지 구수한 숭늉 되고
언 손을 어루만지는 충혈된 숯등걸
어머닌 장작불 탓에 눈시울 붉히셨다

몇 해 전 환갑 맞아 개조한 고향집
아궁이 허문 자리 드문드문 힘줄만 남아
이제는 옛 유물로만 기억할지 몰라

다시 섬에서
–추억

어제 버린 바다를
무엇하러 찾았는가

외딴 섬 해진 문짝
간신히 달아두고

여기에 추억 있는가,
구부정한 안부 묻는다

기척 없는 정적은
빈 물결만 뒤척이고

별로 빚은 윤슬떼
쏟아놓는 등대불빛

그들만 아는 언어로
갯내음 부산스럽구나

이끼

—외양간에서

마음이 지르는 비명소리 너무 커
간신히 버티던 심장이 주저앉는다
세상에 환호할 언어가
아직도 남았으리라

송아지 탯줄 핥는 어미소의 마음이나
덜 마른 소두엄에 내려앉은 햇살이나
한없이 환한 바람이 지상에 지은 집이다

갓 태어난 아기 볼을 어루만지는 해풍 같은
쌀 안치는 소리에 세상 저쪽 깨어나는 일
이끼는 세상 것들의 태초의 식사이리니

바람이 수다를 늘어놓은 틈새에
자꾸만 코뚜레가 간지러운 누렁소
햇살이 비켜선 자리까지
찬란한 공양 중이다.

은사님께
–김행식 선생님께

선생님 시간이 참 많이도 흘렀습니다
당신의 난해했던 서른의 고독
그것을 은밀하게도 훔쳐 먹고 컸습니다
저도 어느새 서른이 넘어서는
당신이 걸었던 서른의 골목을
찬찬히 어슬렁거리며 기억을 줍습니다

곧잘 낯붉히시던 갓 부임한 총각 선생님
밤이면 통기타줄에 산울림을 매달아
섬 너머 세상소리들 불러다가 앉히셨죠
뭍을 떠나 섬살이한 그 심정 오죽했을까요
분교된 국민학교 시커먼 아이들…

"선생님, 오늘은 날이 좋아 먼 추억까지 다 보입니다."

섬에서 온 호박

너의 얼굴에는 흙냄새 가득 나지
볕 좋은 날 육지를 탐하던 파도처럼
아무도 예상치 못한 계절색을 입고 있지

너의 얼굴에는 고단한 삶이 있지
변덕 많은 일기를 온몸으로 받아낸
어쩌면 쓰러질 찰나 부둥켜안은 주름들이지

너의 얼굴에는 우주가 담겨 있지
해안가 절벽에 매달린 운명에도
어머나, 바다에 비친 하늘색에 반했지

바람 이야기

입술을 살랑 건던 햇살은 사라지고
물결을 헤살 놓던 간지럼은 여태다

바다는
그리운 것들로
하루를 바장인다

갈매기 비행소리 절벽을 오르고
어부는 그 장단에 해저를 끌어온다

아버지,
느루 살아요
바람이 하는 말이다

어떤 동행

맨발로 바다를 신고
바람 따라 어부는 가고

늘어진 어망 사이
햇살이 졸고 있는

고깃배
흔들리는 서정
갈매기는 울더라

파도의 지문을
아로 새긴 고깃배

어부를 등에 업고
바다는 걸어가고

섬 어귀
흔들다 지쳐
잠이 드는 바람소리

섬

밖으로 뻗지 못한
소심한 길들이
질비린 갯바람
청청한 지붕을 이고
버려진
실타래처럼 엉켜
한 섬을 이룬다

날카로운 절벽에서
곡예하는 흑염소
그 굳은 발바닥에
머무는 섬의 체온
포말은
갈매빛 절벽을
찢고 핥고 하는가

후미진 골짝까지
세상 구경 갔다가
골목 어귀 졸고 앉은
노파의 베개 됐다가
섬, 그 섬
뭍이 그리워
그리움으로 바장인다

살아 있는 무덤
—성묘

오늘도 할머니는 바다 향해 누웠다
창문 하나 마련 못해
복류伏流로 내다보지만
산 것과 죽은 것 사이
버성기는
방
한
칸.

아버진 엎드려 청청한 편지를 쓴다
계절이 오고간
이십오 년 묵은 그리움
바다도
가슴 먹먹해
밀었다
끌어당기는.

아버지 떠나자 파도가 일었다
비 내리는 흘수선
그 경계에 서 있던
대청엔
죽은 할머니가
주무시는 중이다.

사량도 사계

바람 피고 시치미 떼는
사내의 의뭉함이랄까
엉덩이 까고 앉은
여인네의 음탕함이랄까
남해안 어깨 살짝 맞대고
전설이 앉았다

찬바람 해토하는 마음 급한 백목련
언 땅 위 서래 끄는 봄 볕 아래 누렁소
톡, 톡, 톡,
봄 벙그는 기척
해산하는 매화들

골목에는 비린 여름 한가득 들어차고
다리 긴 늙은 섬이 육지로 올라앉으니
바다는 균형을 잃고 더운 하늘 담근다

자식들 객지 나가고 노부부 단 둘이서
철만난 전어 서너마리 구색 맞춰 구워서는
햅쌀밥 따순 끼니에 주름살이 펴진다

동백 마디 피 흘리듯 언 손으로 일하시며
굽은 허리 펼 적마다 늙어 가신 내 어머니
버려둔

아랫목 같은
겨울 낮달 시리다

파도에 대질려서
딸꾹질하는 바다 위에
오래된 노을 하나
붙들고 섰는 하늘 아래
노부의 무장한 세월로
바다, 섬을 낳는다

바다로 잠근 문

한때 집 한 채 바다에 터를 일궈
일곱 식구 삼대를 요란하게 품었는데
지금은 텅 빈 바람집
파도만 자갈자갈

사람 없이 저희끼리 방언을 쏟다가
허물어진 지붕은 별으로 덮어두고
사립은 바다로 잠궈
유년을 봉인한다

바람을 찍은 사진 계절에 나부끼고
태연히 웃고 있는 허술한 시간 사이…
그렇게
섬의 오늘도
기억이 되고 있다

바람, 햇살 더불어 놀던 곳
—빨래

골 아래 마을 우물 하류에 자리잡은
크고 작은 돌들 피해 바다로 가는 도랑물
어머니 투박한 손에 매달리던 방망이질

한식구 목욕하듯 대야 가득 이고서는
마당을 가로질러 바지랑대 받쳐 두니
바람은 햇살 데불고 숨바꼭질 중인가봐

흐린 날

안개 끼고 흐린 날 오후 3시 세종호*
오랜만에 늙은 부모 만나러 가는 길
간신히 마음 지탱하는 흘수선의 안간힘

수평선 넘나들던 어린 섬 집어삼킨
막 깎은 잔디 같은* 날선 파도 따라
유년을 삼키고 있던 시간이 몰려온다

*삼천포-사량도 운행
*뱃전으로 몰려오는 파도의 일렁임을 보며 어린 조카 은찬군의 표현

오늘, 여기 고향

1
아버지 낡은 외투를 도랑에서 빨아서는
볕 좋은 겨울하늘 허공 한 줌 빌려 널고
오롯이 해변에 나앉아 볕맞이 중이다

2
과거인 양 앉았는 이 작은 항구가
세상 전부인 줄 알았던 시절 있었다
태연한 고향 바닷가에 어린 내가 여적지다

바다가 낯설어 해

어릴 적 마음으로 고향바다에 나앉아
산이며 하늘 바다 파도까지 그대론데
어쩌면 이방인 되어 낯이 설다, 말하네!

아무리 친한 척 달려들어 보아도
추억뭉치 듬성듬성 풀어놓아 보아도
어쩌나 할머니 산소마저 저 멀리 돌아눕네

도시의 시간

도시에서 2

귀향

밤기차에서

도시에서 1

아버지와 아파트

소음과 함께 잠드는 법

도시에서 3

범어사에 들어

그 사람

겨울 안부

어떤 일상

상념, 카페에서

어떤 풍경

사람 이야기

시내버스에서

너를 기다리는 동안

02

도시에서 2
–겨울

외로운 도시가 벌떡 일어나
가슴팍 벽 허물고 허공에 창을 단다
겨울도 저희들끼리
허기진 삶을
발쇠하고…

바람의 모양 아는 새떼들이 길 내면
대책 없이 겨울이 지천으로 몰려와
세상에 나 하나쯤은
어쩌자고
모른 척!

먼 곳 고독 속을 걸어오는 겨울 기척
실없이 종주먹을 보이는 텃새 마냥
걷다가 주섬주섬 챙겨든
나라는 것,
간신히.

귀향

저 멀리 사라지는 낯선 섬 하나 무슨 형벌마냥 파도 따라 저물고 부모님 뒷모습 같아 자꾸만 돌아본다

풍경이 무너지는 허공의 적막 속에 가난한 '살이'는 값없이 부산스럽고 고향의 햇살무더기 바람에도 엇박이다

도시의 시간과 섬의 시간은 달라 시계는 불규칙하게 평행선을 달리고, 한동안 고향 다녀온 후 실감을 놓치누나

밤기차에서

서울에 와 만평 적막을 샀다는 시인 따라*
암전된 시간은 터널 속으로 미끄러지고
불빛은 어둠의 그림자
잠식되는 얼굴 하나

분해되어 절뚝이는 고장난 시간이
날카로운 속도의 날에 절단되는 어둠 속에서
정적이 밝히고 있는
차창 밖 스러지는 나

풍경을 삼키다 스스로 풍경이 되는
소인 없는 사연으로 떠도는 간이역으로
자꾸만 흘러내리는
창밖의 불안한 나

*서벌 시인

도시에서 1

하늘을 입에 물고 줄행랑치던 구름
저 홀로 지상에 집을 짓는 그림자

청춘은 생활에 지친 채 바닥만 훑고 있다

오늘을 박음질 당한 도시를 배회하다가
안개를 몰아내느라 해종일 보내는

길 잃은 사람들끼리 아우성도 없다

아버지와 아파트

자식들 도시 나와 볕 좋은 마당 잃고
간신히 허공처럼 공중에 매달려 산다
찢어진 방충망 사이 모기떼만 들락날락

닭장에서 감옥살이 갑갑할 노릇이라고
뭍에 사는 자식들 집 모조리 허방 한 칸
어찌나 어지러운지 저승이 몰려오는 듯

소음과 함께 잠드는 법

도시에 살아도 주택에 세를 얻어
길고양이 사냥한 능청스런 생쥐선물
도무지 요사스러운 울음소리 못 견디고

삼년 전 몇 배나 빚을 얻어 이사했는데
낮밤 없이 갖가지 소음을 만들어내는
아파트 고약한 인심에 마음 닫고야 잠든다

도시에서 3

하늘에 집을 짓고 사람들은 공중부양
새들을 땅으로 우르르 몰아내고
아파트 창문을 열어 남의 하늘 훔친다

옹이마다 진물투성인 지상의 번지들에
간신히 새어드는 공기 한 줌 햇살 반 줌
새것은 낡은 것들에 상처를 만든다

도시의 미로에는 차들만 서성이고
타이어 자국으로 고장난 것들은
지상의 엉킨 골목에서 목이 조인 채 죽어 있다

범어사에 들어

중뿔난 물소리 바람소리 요란한데
향냄새 나무냄새 좌정하고 염불하는
비오는 사월 초파일 범어사에 들었다

계곡소리 옆으로 와 간신히 흐르고
기왓장 빗소리 흥감하게 내려앉으니
삼배로 멈출 수 없어 거푸거푸 절 올릴 제,

부처님 만수무강은 진작 관심 없고
소소한 내 심사를 한 배 한 배 달래는데
어쩌면 언짢은 걸까, 하늘은 계속 울고…

풍경소리 목어소리 그 안에 바람소리
계곡물 쉬었다 흐르는 먼데 하늘소리
연등은 심사마저 다독여
해동갑 절 올린다

그 사람

누덕누덕 남루 걸친
터벅머리 그 사람
잘못된 지도를
부질없이 펼쳐놓고

도시에
거꾸로 매달려
박쥐처럼 눈 감은¿

무지개색 스웨터 입은
나 어린 딸아이는
치마가 뒤집혀도
차가운 바닥 짚고

서툴게
물구나무 서기 ¡
세상이 뒤집힌다

길에서 태어나서
길에서 잠들지만
세상길은 여전히
방향을 알려주지 않고

찌든 때,

그 선명한 주소지
파고드는 햇살무더기

겨울 안부

하루에 내려앉은 시간의 더께 위로
먼 곳의 소식이며 짧은 안부 따위를
회백색 허공에 대고
읊조리는 여자 하나!

고운 것은 모조리
어제에 주소를 두고
겨울보다 쓸쓸한 어떤 그리움으로…
오늘도 감각마저 없이 또 계절이 가네요

어떤 일상

볕 좋은 날 계절 놓친 유행가를 듣다가
문득 남의 것인 삶들이 궁금해져
도심의
창 넓은 커피숍
사람을 읽고 있다

엇박의 추위 마냥 옷매무새 대중없고
다른 사연으로 저마다 분주한데
어디도
주소를 얻지 못해
혼자 엮는 일상이다

오늘이 있을 자리 어제가 달려 나와
바람에 들썩이는 밉상스런 찰나들
잊혀진
헌이름 뭉치들
부려놓고 있구나!

상념, 카페에서

죽음만이 유일한 해결이라는 울프나
삶과 죽음 사이 갈증 앓는 햄릿이나
그래도 소용돌이 잦아 든 과거의 것 아닌가

나 태어난 바다이거나 가본 적 없는 사막이거나
기억 속 어제이거나 꿈꾸는 내일이거나
모조리 현재 속에선 절망이라 불린다

멀미날 듯 노래를 토해내는 스피커나
녹물을 뽑아내는 피로한 커피머신이나
열없이 커피잔에 빠진 언어가 시커멓다

어떤 풍경
–이별

얼굴 큰 원목탁자 볕 좋은 창가자리
별다방 마주앉은 원두커피 두 잔
등 돌려 컵 속에 발 담근 함초롬한 윤슬때

여자의 숙인 이마 마중 나온 시선 하나
침묵이 다른 침묵에게 동조를 구하는데
익숙한 시간 한 더미 해진 사랑을 나무란다

닳고 닳은 뒤축으로 바람을 찾았다고
이별을 휘갈려 쓴 남자의 낯선 표정
사랑이 떠나간 자리 빈 잔으로 남은 여자

사람 이야기

지하도 내려가는 일곱 번째 계단 귀퉁이
시간을 뭉개고 앉은 사연 모를 외팔 사내
햇살도 주춤거리는 때에 절은 맨 발바닥

무릎 꿇은 사내 앞에 등 돌린 깡통 하나
동전 한 닢 지폐 한 장 정 없이 앉았는데
허공서 터벅거리는 눈치 없는 머리카락

별조차 다리 저는 도시의 겨울 정오
무심한 세인들 발자국을 훔친다
바닥과 발자국 사이 맵살스러운 묵언의 지층

사내의 굽은 시선이 주워 담는 바닥에는
어쩌면 삶의 진실이 숨었을지 몰라
허름한 동정이라도 좋을 인사를 건넨다

시내버스에서

창원에서 마산 가는 오후의 시내버스
지친 듯 끌려 다니는 게으른 햇살무더기
졸다 깬 할아버지의 삐뚤어진 안경테

난폭한 버스는 술 취한 듯 차선을 넘어
운전수의 버려진 꿈을 좇는겐가
우리는 버려서는 안 되는 많은 것을 버리며 산다

창원에서 마산 가는 육십 번 시내버스
저마다 갈 길 위에 하루의 몸을 풀고
석양은 비스듬한 각도로 도시의 눈을 찌른다

너를 기다리는 동안

약속한 시간은 아직 한참 남았지만
먼저 와 기다리는 심장이 쿵쾅거려
새소리 바람소리마저
가슴 설레는 것이다

바람이 바다에 지문을 새기듯
손대면 아찔하게 전율하는 수면 마냥
공기가 들썩일 때마다
내 안에 네가 다녀간다

사람의 시간

03

오늘은 시를 쓰자

생김과 크기가 똑같은 출판사 시집
사무치게 욕망했던 치기어린 시절 있었다
어쩌다 서른 됐을 때까지
읽어보지도 않은 시

시집의 푸른 냄새만 수없이 킁킁거리다
어느새 들마 무렵 시집도 문을 닫고
혼자서 적막해진 시들은 보이지 않던 날들

행간의 거리는 이별한 연인 같고
언어는 나를 빼고 저희끼리만 속닥이는
서정을 꿈꾸다 지쳐 말들만 흥건해진!

시집의 문을 열고 언어를 훔쳐본 자
욕망이 넘실대는 시인을 만나본 자
이제는 시로 만든 사전으로
말걸 수 있을까

얼굴 붉었던 날

첫사랑 그 사람과
서툰 살짝, 입맞추자

일순간 팽팽하게
긴장하는 공기 소리

기침을
참고 있다가
흠칫 놀란 바람 얼굴

첫사랑 그 사람이
쩌벅쩌벅 걸어나온

걸음마다 꽃이 피고
해가 뜨고 붉었지만

볼 수도
슬며시 살짝,
만질 수도 없구나

바람이 달려와
–가수 임재범에게 전하는 작사

미칠 듯한 한낮 비도 내리지 않아
햇살은 조각조각 부서져 내리고
덩달아 그 사람 얼굴도 사라지고 있구나

바람이 달려와 내 심장을 훔쳐가
바람이 달려와 네 기억을 지우네
어디서
바람이 달려와 우리를 지우네

미칠 듯한 한낮 전화도 오지 않아
숙취로도 너는 차마 버려지지 않고
한사람 운명의 끈으로* 무너지고 있구나

바람이 달려와 내 심장을 훔쳐가
바람이 달려와 네 기억을 지우네
어디서
바람이 달려와 우리를 지우네

미칠 듯한 한낮 간지러운 햇살 뿐
허공을 걸어올라 너에게 가고프지만
이제는 가슴 속에 묻혀* 젖은 한숨이구나

바람이 달려와 내 심장을 훔쳐가
바람이 달려와 네 기억을 지우네

어디서
바람이 달려와 우리를 지우네

*임재범 노래가사

안개

참 그렇다
육십여 년, 회백색 역사다
한 사람 나고 죽는
장구한 시간이다
한줌의
바람자락이
누리 지나는
찰나다

북녘은 괴물 얼굴 총칼 든 몬스터 천지
반공 반공 형체 없는 시대의 적개심은
태어나 만난 세상이 알려준 법칙이다

참 그렇다
휴전선은 장애물이 아니다
틈새 없이 딱딱하게
굳어버린 안개절벽
여전히
유령으로 떠도는
안개가
문제다

안개를 건너다가 안개가 되어버린
길 없는 안개 속에 숨어 우는 바람소리
승천한 한 쌍의 학이 보일 것도 같은데…

아침, 하회에서

안개 앉은 고택 여럿
담장 낮은 안부 묻고

골목마다 마실 나온
하회탈 진창이다

계절이 여물어가는 소리
발목이 가렵다

하동 고택 다듬이 소리
가을 매단 감나무

포개 놓은 기와 아래
전설이 내다본다

팽나무 세상소리 모아
하늘에 봉양중이다

책을 읽다

맛있게 조리해서 꿀꺽, 꿀꺽, 삼켰던 침을
적당히 어르고 또 알맞게 뭉쳐서
두 번째 손가락 끝에 아주 살짝, 찍어내야지
치아와 치아 사이 은밀하게 고였다가
경계를 허물고 혀끝으로 수직낙하
책벌레
슬쩍, 발을 빼야지
지문을 훔쳤다면

행간과 행간 사이 슬몃, 숨겨둔
고립을 빙자한 언어들의 사잇길
끝없는 미로 꿈꾸는 묵언의 지층들
자신의 빈 몸은 행간으로 사라지고
남은 것들 우르르 질서 없이 미끄러지는
결국은
내가 읽히고 마는
불안한 책 읽기

외연도 풍경
–연리지 아래서

사랑이 떠나고 외연도 찾았네
파도의 언어로 뒤척이는 안개섬
갯바람 닮은 무릎에 포효하는 바닷섬

문 하나 넘어서면 나무들이 사는 마을
후박나무 동백나무 푸른 손 상록수림
말없는 외딴 바다에 살림 차린 나무 부족

세월의 무게 안고 부러진 거목 한 그루
뚫린 하늘창에서 햇살 무더기 곤두박질
와불로 다시 태어나 숲의 밀어를 빚는다

하나의 동백이 또 하나의 동백과 만나
제몫의 사이를 두고 포옹하는 사랑법
바람과 밀담 중인 잎사귀, 경계 허무는 연리지

사람냄새 나무냄새 파도에 버무리고
붉은 꽃 노란 열매 태양 아래 볶아서
수평선 서녘 하늘에 뿌려 놓은 석양길

사랑이 떠나고 외연도 찾았네
은밀한 호기심 연리지 탐할 제
산다화 붉은 꽃등 켠 채 잠들 채비 부산스럽다.

한글 '연애' 사전

흔들,리는 마음을 동여매느라 흔들, 니은
모음 둘 자음 하나 '연애' 참, 간지러운
흔들, 'ㄴ' '여'와 '애' 사이 주저앉아 슬몃, 설렌.

연애,하고 말하면 입안 가득 번지는
대책없이 살랑이는 윤슬떼 한무더기
청청한 바람에 실려 속살대는 냄새 난다

오늘의 연애는 한없이 솔깃하고
죽음을 계산하듯 때로는 부질없는 것
애틋한 한글로 쓰여진 우리의 '연애'사전

지금은 장마전선 소강상태

휴전 내건 장마전선 수평선 너머 선잠 든 사이
수많은 벌레 울음 허공에 매달리고
먼데서
계곡물 넘치는
아, 부산한 몸짓이여

찢어진 빗물들은 처마 끝 한자리
속치마 뒤집어쓰고 천길 벼랑 더듬고
죽어도 사는 것이라고 양동이를 튕기누나

막내딸 혼례일이 우기雨期진 내일인데
무심한 한 무더기 먹장구름 짙어지고
근심 찬 제비아빠는 빨랫줄만 뜯는구나

아직도 살아 있는 재래식 부엌 살림
젖은 아궁이에 어렵사리 불 지피니
한 사발 빗물 쏟으며 하품하는 늙은 굴뚝

먼데 소리들이 해거름을 몰고 와서
불 지핀 아랫목에 장마전선 잠재우니
쿡-쿨럭
나이든 굴뚝에서
승천하는 한 평 연기

막걸리

몇 해 전 병을 얻어 술자리 흥 멀리하다
사랑 잃고 돌아온 친구의 먹먹함에
희뿌연 만평적막을 몸속에 들이붓는다

잡념을 키워내는 의뭉스런 는개 같은,
그러다 능청스레 집 짓는 안개마냥
사발엔 길 잃은 벗처럼 방황하는 윤슬떼

가락 따라 찰랑이는 눈치 없는 흥 한 판
얼쑤, 지화자 좋다!
사랑은 가고 오는 것
음탕진 눈물 바람에도 웃음자락 이누나

가족

일 년에 겨우 몇 번
저마다 일군 식구로

이제는 떠났던 시간이 더 길어져버린

도리어
낯설어진 고향
부모님을 찾았지

낭창대는 수다가
시간을 잇는 동안

간밤에 들썩이던 지붕에도 별이 뜨고

떨어져
살아왔대도
먼 추억도 환해져서는.

자연, 그리고 사람

바람은 해 더불어
어른어른 햇살을 짜고,

근본이 불경하여
오늘은 아비를 죽이고

어제께 죽여서 버린
어미를 살려낸다

바람의 희롱을 피해
간신히 나무가 된,

그리하여 내일은
어미를 죽이고

어제께 죽여서 버린
아비를 살려낸다

허공을 걷느라
숨이 찬 기러기야,

내일은 눈부신
여자가 태어나고

내일은 찬란한 남자가
햇살 아래 서 있겠다

만추

헐벗은 언어들이 유령처럼 떠돈다
시가 되지 못한 그리움 앞에서는
하늘도 눈치를 본다

저만치 떨어져서는;

궁색한 환청에 낙엽조차 시달린다
가을이 지나가는 쓸쓸한 소리는
당신이 저무는 기척이다

추억아 그만 자자!

오늘은 밤이니까, 울자

달빛이 저희끼리 부둥켜안고 우는 밤은
밤물살도 겹겹이 접어 놓은 사연을 푼다
시간이 마음에까지 들고나는 밤이다

사랑이 떠나버린 지독한 고독의 밤
한 줄의 詩도 없이 우두커니 앉아서
적막을 안주로 놓고 삶-살이와 대작 중이다

대책 없이 들이붓는 전등불빛에 속수무책
머리칼 한 올에까지 열이 차서 빛이 넘쳐
그 모양 견디고 섰는 밤이니까, 오늘은.

2011, 영도에서 1

걸음 옮기는
잘 영근 귤빛의 하루

대길은 영도를 떠돌다 돌아왔다

시든 채
넝마된 시간들
지상 것이 아닌 채,

돌아서다 주워든 얼굴들 때문에

검다 못해 시퍼래진
낡은 얼굴
그들 때문에,

대길은
남의 편에 있는
철벽 꼭대기 올랐다

햇살도 내리다마는
바람도 오다가마는

내려뵈는 바다도
어쩌나

남의 것이다

허공서 정의를 물어도
메아리 없는
영도다

2011, 영도에서 2

조각배는 바다를 동여맨 열쇠 뭉치
어부의 그물에 걸린
지친 혁명가들
뭍으로 끌려나오기 전에
어떻게든 탈출해야 하리

제 길 어디도 드러내 놓지 않은
심해거나 수평선의
무엇인가를 삼킨 채,
물이랑 봉우리마다
사금파리 천지다

바다와 바람이 깍지 낀 손을 하고
무수히 반짝이는 파도를 뱉어내는데

사람 일
한심한 모양새
부끄럽지 않나 몰라!

랜섬웨어라나요?

노쇠한 컴퓨터를 정 없이 처분하고
힘 있는 신형으로 신나게 갈아탔는데
어째요, 두어 달 만에 해커들 차지네요

오래오래 저장된다고 하늘이며 바다 담고
살 부벼 엮은 일상에 부모님 시름까지…
어쩌나, 몽땅 사라져 빈털터리 시인이네요

04 삶의 시간

어머니의 계절

인생의 무게를 견디다 주저앉은
관절이 닳은 자리 자꾸만 가렵다
가여워 겨울볕이나마
바지런히 내려앉누나

6인실 병실에는 절단된 뼈들끼리
불화하는 시간의 퍼즐을 맞춘다
도무지 찾을 수 없는
마지막 한 조각

꿈에서도 나무에 물을 대는 당신 덕에
계절이 바뀌듯이 자주 바람이 분다
오늘은, 매화가 폈다
저만치 봄이 온다

그 남자, 그 여자

내 또래 서른여덟 말수 적은 사내는
부모봉양 처자식까지 일곱 식구 짊어지고
제 청춘 돌볼 겨를 없이 어부가 되었지요…

내 또래 서른여덟 솜씨 좋은 여자는
시부모 봉양에 시커먼 자식이 넷
제 청춘 왔다가는 줄도 몰랐다고 하지요…

인생은 아름다워

아스라이 해풍에 부서지는 가로등 불빛
소리 없이 적막한 소도시 항구의 밤
사내는 끌어온 시간에 애잔한 창을 단다

철야 작업 한창인 흐릿한 공장 불빛
무수한 나비떼가 빙그르르 춤을 추던
몇 해 전 위태롭던 졸음 우수수 몰려온다

손 하나 절단하고 밥벌이도 시원찮은
사내는 어둠처럼 내려앉아 밀려가는데
먼데서 등대불빛이 헌 등짝을 다독인다

모처럼 방언 같은 잠꼬대를 앓다가
낮 동안 절벽을 기웃거린 갈매기 되어
사내는 달그림자 마시고
간신히 잠든다

청춘일기
—구직

어디서 허공 한 줌 끌고가는 맨발의 바람
고요는 바람 속을 맴돌다 주저앉고
와르르 대책 없다는 듯
빈 하늘만 쏟아진다

남자는 무너지는 가슴을 부여잡고
애꿎은 햇빛에 난장질 한창이다
청춘은 낮달로 걸린 채
세상을 응시한다

봄의 벽공

바다와 잇닿은 골목들이 몰려나와
겨우내 속울음 했던 사연들을 풀어놓는,
섬마을 갈매빛 이마에 부지런히 봄 내린다

봄날 벽공은 어쩐지 처연하여
여자는 시간을 읽다 허공을 응시한다
뜨거운 추억이겠는가, 이 생엔 다시 없을!

그때 버린 것은 사랑도 추억도 아닌
그저 봄날 다시 없을 한줌 바람이지
태연히 꽃잎 한 아름 시간을 걷고 있지

하늘 밖 다른 하늘이 있다고는 믿기지 않는
세상의 무수한 갈림길 참회하듯
청청한 고요를 얹은 봄의 벽공, 눈 시리다.

난처한 인생

파도가 일어났다 주저앉을 때마다
감춰둔 주름살이 눈치 없이 선명하다
어쩌나, 시가 될 수 없는 난처한 인생이다

평생 사량섬을 떠난 적 없는 어부는
새벽마다 고래 되어 남해를 유영하고
등대는 별똥별에도 물결을 핥는다

고봉밥 마냥 꾹꾹 눌러 쌓아올린 파도소리
퇴락한 어선은 고독에도 길을 내고
신새벽 흘러내리지 못한 어둠이 투정중이다.

삼천포 고물상

한때는 으스대듯
바다를 호령하던
잊힌 거선의 노
녹물을 토해내고
기우는 해거름을 저어
고된 닻을 내렸구나

햇살도 낡은 옛 것
곰삭은 흔적들이
닳은 제 지문에
잘겁하여 줄행랑치는
해묵어 버려진 것들의
가난한 주소지

할배는 고물들 사이
가지런히 줄 세우고
마치 여며둔
옛사랑 보듬듯이
새로이 이름표를 붙여
곱게 빗질 하신다.

비, 그리고 요강

처마 아래 난간 따라
간, 신, 히,
매달렸다가

와
　르
　　르,
추
락
하는
빗방울 발자국

요강의 가장자리에
풀–썩, 주저앉은.

간혹,
음탕하게
제 허벅지 문지르다가

또
　르
　　르,
파문
일으키는

수다스런 설레발

청자빛 저고리 사이
슬–몃, 눈길주는.

노인, 웃다

노인이 웃는다
웃음소리 흩뿌려진다
치아의 허공 사이
너털웃음 춤춘다
조선옷 자락자락이
웃음보 빵, 터진다

주름과 주름 사이
풍상 견딘 모질음
마중 나온 맨발로
적적함을 으깬다
노인이 뻥, 뻥, 웃는다
툇마루도 웃는다

상처(喪妻) 후 독거하던
칠순 넘은 조씨 노인
세 살배기 손자녀석
고추를 매만진다
고 녀석 웃음엣짓에
노인이 빵글거린다.

영원

태양을 향해서 묵념하는 바다처럼
바다를 바라보며 점멸하는 별처럼
과거를 부둥켜안고
희망이라는 사람아

도가니 속에서 고독을 건져들고
암초를 닦고 닦아 목에 드리우는
절망을 견디는 것이
삶이라는 사람아

거대한 광채로 빚은
생명이라는 존엄한 것조차
희망처럼 절망처럼
추상의 굴레에 갇혀

영원은 "태양과 함께 가버린 바다"*던가

*랭보

삶을 살아내는 일

엄마는 담이 높은 학교에 가지 못했고
아빠는 한 번도 넥타이를 매지 못했다
오늘도 해거름 넘기고야
바다집에 들었다

딸은 엄마 대신 서른 넘도록 학교 다니고
아들은 아빠 대신 오늘도 넥타이를 맨다
꽃 피고 바람 부는 일을
잊은 지도 꽤 오래다

지리산 민박

사량도 돈지마을 지리산 민박에는
칠순 넘은 조윤도씨와 환갑 지난 김성연씨 산다
한평생
떠나본 적 없는
바다에 더부살이

이제는 방 세 칸 민박을 꾸리시며
한참은 어린 손님 식사거릴 손질한다
바다는 눈치 없게도 요란하게 출렁이는

맨손으로 소라 속 파도를 끌어오거나
어린 볼락 푸른 비늘 겁 없이 훔쳐낸다
톡톡히 자연에 빚지고 의뭉스레 모른척

빛깔 좋은 문어 마냥 삶은 흐물거리고
사량도 지리산 민박 분에 넘친 환대다
아리게
바다 흐른다
바다가 정화수다

밤

보름달을 켜둔 채
잠이 들었다

해안 절벽에
스며드는 파도소리

오늘은 해가 다 닳아
하루가 절뚝인다

곰삭은 그리움에
별들 시끄럽고

자주 길 잃은
밤하늘이 주저앉는다

추억은 철들지 않는다
빈집이 요란하다

나는 오늘 슬픈 중이다

나는 오늘 슬픈 중이다
깊은 여름 비 내리는데…

적막한 어둠마냥
지나온 이십대가 그래

사는 일 청춘을 보시하고
껍데기만 남은 채로

태생이 박복해서
유여한 적 전혀 없이

입言 팔아 입口을 먹여
마흔이 목전인데…

지병만 값없는 훈장 마냥
나는 오늘도 슬픈 중이다.

살아야 하는 이유

오늘도 죽지 않고
살아야 하는 이유는
태어난 순간부터
직업을 얻은 탓이다
사는 일
살아내는 것이
평생의 직업이다

지난한 가난이거나
무수한 서글픔조차
부모의 몫보다
적은 덕분에 산다
들마엔
삶을 살아내는
내 직업도 휴식이다

우울도 병이 되어
오늘 보다 두려운 내일
추억이 무거워
그림자 한참 길고
사는 일
그 슬픈 운명에
지다위 중이다

늙은 새, 도시를 날다

허공 한 편
손수레 밀고 가는
할머니

눈치 없는 바람이
무게를 얹기도 하는

도시의
무표정한 계절
폐지 같은
생이다

엇박자로
절뚝이는
쓸쓸한 걸음마다

부서진 햇살들이
먼지마냥 뒹굴고

고물상
지친 별 아래
쪼그려 앉아
인생을 푼다

마취

시야가 흐려지자 기억도 사라졌다

중추는 지각하는 방법을 잃은 채

망각의 소용돌이 속에 갇히고 말았다

살아온 삶의 궤적 소문 없이 지워지고

고통을 새기는 낡은 몸의 이력마저

열없이

허공의 경계를 새긴다,

농담처럼;

아버지의 시간

생애 마지막 어선을 팔고 온
아버지 그림자 담긴 바다를 훔쳐본다
어느새 등 굽은 채로 일렁이는 파도 뿐

바다에 일흔 몇 해 세들어 사는 동안
숨 쉬고 뱉을 때마다 밀물썰물 요란하다
하늘 밑 살아내는 법 거개가 한가지라며

자맥질 해대는 햇발의 장난질이나
해저에 걸터앉은 섬어귀 고요거나
바람에 풍장 중인 시간,
아버지의 세월이다

05 죽음의 시간

첫, 눈

당신아
이곳에는
그 해 삼월 눈 같은

첫, 눈이
함박함박
무턱대고 내린다

이제는 이별을 말할 당신조차 없는데…

덮어감출 슬픔도 남지 않았는데

무엇하러
눈은
아리게 내리는가

눈들이
당신 속으로 걸어와
흥건하다

비극에 대하여
–세월호 참사를 애도하며

하혈을 멈추지 않는 잔인한 봄, 바다…
해저의 어둠은 천 년 전 고독이다
여봐라,
불화를 조장하는
무거운 불균형이여!

위태로운 곡예마냥 삶과 죽음 모조리 울고
절망과 희망 사이 여전히 바람이 분다
오가는
천박한 계절
이곳에는 아무도 없다

무수한 무기력이 스멀거리는 지상에는
남겨진 이들끼리 유폐가 절실하다
시간아,
태연히 걷다가
세월에 주저앉고만.

Memento mori
—봉하에서

이제 갓 깨어난 효애를 걷어내며
잠뱅이에 안겨드는 이슬도 쫓지 않고
사내는
하늘과 가까이
마주 보고 서 있다

침묵과 침묵 사이 어린 빛이 비집고
시선과 시선 사이 기립하는 세상 것들
아직도
뜨거운 심장 앞에
담배 한 대 겨우 문다

벗어 놓은 신발에 슬며시 발 끼우는
바람이며 햇살이며 살아있는 것들아
사내는
비상하려는 순간
추락하고 추락한다

사내가 살았던 삶이 통째로 해부되고
뭉개진 담배꽁초로 버려진 순간에도
세상은
여전히 태연한 척
부디 죽음을 기억하라!

지금-살기

이제 더 이상 마음 둘 곳 없어져
내가 쓸 언어를 만들기로 했다
메아리
내가 말하고
다시 답하는 역할극

지리산 극락암 찾아가는 소한 추위
천도제 보낸 이 만나러 가는데
자꾸만
허공서 추락하는
쓸쓸한 안부들

이제는 애틋한 편지 한 장 쓸 곳 없고
어쩌다 고독하다 말할 이 하나 없어
어디도
갈 수 없는 소인
내가 보내고 내가 받는!

겨울 지리산 간신히 가는 길
나는 자꾸만 내가 궁금해져
추억에
안부 묻는 일
위태로워, 아직도

간신히 추억이 되는

차가운 바다 곁에 젊은 남자 뒷모습
석양도 비껴선 자리 홀로 두고 돌아섰다

간신히
시간은 흘렀는데…
여전히 바다는 차고.

남은 사람 어수룩한 목숨줄에 매달려
시간도 건너지 못한 먹먹한 경계에서

간신히
추억이 되는
어려운 것이 있다

죽음

"마실이나 갈란다"
할머니 마실 가신다

다시 돌아오지 않는
내 태초의 편린

그것은
우주의 중심을 깨트리는
음모였다

겨우 붙든 수평의
균형을 농락했던

울프의 죽음과는
통증이 달랐다

그 후로
잠을 잃은 밤,
시간의 파편에 살고 있다

어느 섬, 한 노구의 죽음

너른 마을 앞마당께 훤히, 내려다보이는
보름 전 한가위 뛰던 장구소리 빠진 바다
그 바다 한기슭 자리,
앞산에 잠든 여든 노구

생전에 곱다시던 서산자락 노을길이
돌연, 수의壽衣되어 저승길을 재촉할 줄이야
추녀 끝 바람맞은 원구圓球
지등紙燈 몇 장 기운다

알몸의 바다 한편
피로가 앉으면

무명無明 속 헤매는 혼줄이 그리운 사람들은
시월도 다 익어버린 해질녘 항구에서
저마다 지심地心에 불 당겨 윤회 속에 뜨는 달을 만난
다

죽음은
또 한세상 열어
생명生命을 일구어낸다

화장을 하고

참말로 사람이 꽃보다 아름다워
머리칼 얇게 저며 눈썹을 곱게 그린
화장한 그대 얼굴은 눈부신 천상의 것

생사를 모르는 건 애닯게 뜨거운 탓
숱한 울음이거나 설움이 달려드는
저승길 영락공원에서 배웅하는 중이다

깊은 계절은 두터운 옷 겹쳐 입고
이별할 준비되지 않은 서글픈 것들끼리
울다가 다시 울다가 주저앉아 잠이 든다

태연한 하루

당신과 함께 찾은 그날의 놀이공원
가을볕은 바람결에 두근거리고 있었지
이토록 유쾌했던 사람 여적지 머뭇거리네

당신과 함께 걷던 범일동 안창마을
대책 없이 떠올라 잠 못 드는 밤 있지
준수한 청년인 채로 바람으로 산다네

당신 없이 나 혼자 시간을 읽는 오후
죽음은 사소한 일인 듯 태연하고
섭섭히 무슨 청춘이 그리 비겁했을까.

그리움이 분다

푸른 콩대 뽑다가 바다를 내다보니
날이 좋아 먼 섬까지 실루엣 선명하다
덩달아 시간을 넘는 추억마저 환하다

적조 이겨낸 바다를 어르고
잘 씻긴 몽돌 신고 수평선을 건넌다
파도도 가쁜 숨으로 절벽을 딛고 있다

미련스런 바람이 행간으로 몰려오는
기척 없이 당신이 찾아오는 날이다
어쩌면 그리움이 부는 그런 시간이 있다

따뜻한 부고

바다가 내다보이는 고향 선산자락
괴팍한 멧돼지 기별 없이 출몰해서는
오늘도 할머니 발굴은 실패로 돌아갔다

도무지 무덤 밖은 궁금하지 않다는 듯
흙으로 돌아간 듯 환한 얼굴로
어쩌면 마실 다녀오실 때처럼 태연하다

흉터 없이 아문 살은 세상천지 없다고
무덤가 할미꽃 쪼그려 앉아 뭐하나

어쩌나!
냄새를 읽는다
추억도 늙나보다.

계절

그 해 겨울 바람이 여적지 멈춰서서
더 이상 사랑하지 않겠노라 맹세했던
첫사랑 당신이 떠난 먼 하늘길 서성인다

생사 경계 형벌임을 일러준 사람아
스물다섯 당신이 가져간 시간에 묶인
어느덧 홀로 차가운 서른여덟의 여자

십여 년 어쩌다 혼자 남아서
여적지 마음자리 비우지 못하고
그 겨울 새벽에 갇힌 채 차갑다, 당신아!

시작 노트

나의 언어는 여전히 서툴다. 그것은 투박한 아버지의 목소리이며 수명을 한참 남겨두고 고장난 어머니의 몸이 빚은 것이다. 삶을 관통한 죽음에 함몰되어 있으며 여전히 가난의 저편 유년에 잠식되어 있다. 산업화 스토리에서나 봄직한 내 남매들의 시린 유년에 빚지고…, 간신히 토해낸 서툰 사자후이기도 하다.

육지로부터 외떨어진 섬은, 사는 동안 내내 뿌리 뽑힌 자의 불안을 야기했으며 어디에도 온전히 깃들 수 없는 이방인이 되게 했다. 때문에 나의 시적 언어라는 것도 늘상 불안과 초조에 갇혀 있었다. 아마도 시조 형식은 이러한 불안을 적절히 정제하고 다독이는 좋은 그릇이 되어, 난장의 삶을 살아내는 일에도 균형을 유지할 수 있게 하는 유일한 좌표였지, 싶다!

이제는 꿈만 같은 그 시절의 가난과 그것과 이별하기 위한 온가족의 분투가 '오늘'을 낳았다. 그 시간들이 간신히, 흘렀다. 그러니 오늘의 불완전함조차 얼마나 감사한 일인가.

나의 언어는 말하지 못하는, 말할 수 있는 기회를 거

세당한 내 부모의 목소리이며 그들 삶에 대한 위로이다. 그러니 서툰 감정과 투박한 언어가 뒤섞여 서정 비슷한 것을 가장하고 있다 해도 얼마간 너그럽기를, 나 자신에게 바래본다. 구차하지만 아직 설익은, 풋내나는 서정을 추수하는 것에 대한 변명이다.

조윤도, 김성연씨에게,
당신들에게 빚진 서정을 바친다.

부디, 나의 詩作은
잊힌 것을 기억하기 위한 언어가 되기를!
2017년 계절의 한가운데에서